TRÉSOR DES PRIÈRES CATHOLIQUES

Couverture : Gianni Caccia
Illustration : Fra Angelico, *Vierge à l'enfant et au lis* (détail d'un ange), *ca* 1438-1440 © Francis G. Mayer/Corbis/Magma.

Catalogage avant publication de Bibliothèque et Archives Canada

Vedette principale au titre : Trésor des prières catholiques

ISBN 2-7621-2603-7

1. Église catholique – Livres de prières et dévotions français. I. Lacroix, Benoît, 1915- .

BX2149.3.T73 2004 242'.802 C2004-941539-5

Dépôt légal : 4e trimestre 2004
Bibliothèque nationale du Québec

Les Éditions Fides remercient de leur soutien financier le ministère du Patrimoine canadien, le Conseil des Arts du Canada et la Société de développement des entreprises culturelles (SODEC).

Les Éditions Fides bénéficient du Programme de crédit d'impôt pour l'édition de livres du Gouvernement du Québec, géré par la SODEC.

IMPRIMÉ AU CANADA EN NOVEMBRE 2004

Trésor
des prières catholiques

Choix de prières et préface de

Benoît Lacroix, o.p.

FIDES

Sommaire

3. RITES ET PRÉCEPTES

Prions !

Les prières de ce recueil sont des prières d'héritage et de fidélité. Nos ancêtres croyants, gens de fierté et d'esprit familial, les ont dites et redites. Ils les ont transmises de parents à enfants, de génération en génération. Souvent par tradition orale. Certaines de ces invocations ont une longue histoire, d'où leur noblesse sans pareille, et leur simplicité. Pensons au *Notre Père, qui êtes aux cieux* ; au *Je vous salue, Marie* ; au *Au nom du Père…* et au *Gloire soit au Père…*

Les litanies de la Vierge ont débuté au XIIIe siècle, et un peu plus tard, la récitation du rosaire. Le *Souvenez-vous* est attribué à saint Bernard

(† 1153) et il est dit que le *Sub tuum* (*Sainte Mère de Dieu*) remonterait au IVe siècle. La plupart des actes indulgenciés, de foi, d'espérance et de charité ainsi que leurs voisines prières du matin d'autrefois remontent au temps de la Nouvelle-France. Et sûrement avant !

Ces prières sont belles et vraies parce qu'elles visent l'essentiel du mystère chrétien. Dieu est mon Créateur, il est mon Rédempteur, il est le Tout-Puissant, l'Éternel. Il est si miséricordieux qu'il m'envoie Jésus le Christ, *Ô bon et très doux Jésus !* au grand cœur universel.

Par le Père et le Fils, se dit la prière téléguidée par l'Esprit, allumée par le « feu de votre amour ». Quant à Marie, la Sainte Vierge, « glorieuse et sainte », Reine ou Notre-Dame, nous n'en finirions jamais, avec notre litanie de compliments, de salutations à répétition, de lui dire à quel point, Mère de Dieu, notre confiance en elle est totale.

Qu'elles sont vraies et grandes ces prières ! Prières d'héritage et de fidélité qui invoquent tour à tour et relient en plus le ciel et la terre, les anges, les saints, Dieu, l'univers, l'humanité, la création entière, tandis que se déroulent par mots et intentions secrètes le temps, le passé, le présent, l'avenir.

Les temps ont changé. Dire que maintenant l'on peut tutoyer Dieu ! Comme nous le faisions sans toujours nous en douter lorsque nous parlions latin. *Tu* ou *vous* ? Les deux se valent. *Tu*, plus intime, pour dire personnellement ma foi, mon espérance, mon amour. *Vous*, plus révérencieux, pour prier avec les autres, et dire notre reconnaissance à notre Créateur, à notre Rédempteur. *Tu* ou *vous* : tous les pronoms Lui vont, surtout depuis qu'Il s'est révélé AMOUR.

Ah ! la prière ! Oxygène de l'âme, écrit Mère Teresa. « Verrou du soir, clef du matin », proclame Gandhi. De tous les temps, de tous les peuples, elle s'appelle tour à tour adoration, invocation, supplication, consécration, offrande, action de grâce, bénédiction.

Pour moi, résume sainte Thérèse de Lisieux, la prière c'est un élan du cœur, un simple regard jeté vers le ciel ; c'est un cri de reconnaissance et d'amour au milieu de l'épreuve comme au sein de la joie ! enfin, c'est quelque chose d'élevé, de surnaturel, qui dilate l'âme et l'unit à Dieu.

Ainsi vont depuis toujours nos prières. Ainsi les désirent Notre Père et Jésus son Fils, notre frère bien-aimé. L'Esprit est avec nous. C'est promis. Les Écritures le proclament tous les jours :

Actes des Apôtres 2,21

Quiconque invoque le nom du Sauveur sera sauvé…

Jacques 5, 13

Si quelqu'un est triste, qu'il prie…

Matthieu 7, 7

Demandez…

Ibid.

Frappez…

Ibid., 21, 22

Vous demanderez ce que vous voudrez…

Psaume 49, 15

Il faut prier sans cesse.

Luc 18, 1

Demandez et l'on vous donnera…

Jean 15, 7

Si vous demeurez en moi et que mes paroles demeurent en vous, demandez ce que vous voudrez et vous l'aurez…

Luc 11, 9

Frappez et l'on vous ouvrira…

Ecclésiastique 35, 16

Celui qui sert Dieu de tout son cœur est agréé et son appel parvient jusqu'aux nuées.

1 Pierre 5, 5

Le Seigneur regarde la prière des humbles.

Matthieu 21, 22

Tout ce que vous demanderez dans une prière pleine de foi, vous l'obtiendrez.

Benoît Lacroix, o. p.

LES INDISPENSABLES

[In nómine Patris]

† *In nómine Patris, et Fílii, et Spíritus Sancti. Amen.*

Le signe de la Croix

† Au nom du Père, et du Fils, et du Saint-Esprit.
Ainsi soit-il.

Pater noster

Pater noster, qui es in cælis:
Sanctificétur nomen tuum:
Advéniat regnum tuum:
Fiat volúntas tua, sicut in cælo et in terra.
Panem nostrum quotidiánum da nobis hódie:
Et dimítte nobis débita nostra,
sicut et nos dimíttimus debitóribus nostris.
Et ne nos indúcas in tentatiónem.
Sed líbera nos a malo. Amen.

Notre Père

Notre Père, qui êtes aux cieux,
Que votre nom soit sanctifié,
Que votre règne arrive,
Que votre volonté soit faite sur la terre comme au ciel.
Donnez-nous aujourd'hui notre pain de chaque jour ;
Pardonnez-nous nos offenses,
comme nous pardonnons à ceux qui nous ont offensés.
Et ne nous laissez pas succomber à la tentation.
Mais délivrez-nous du mal. Ainsi soit-il.

Notre Père, qui es au cieux.
Que ton nom soit sanctifié.
Que ton règne vienne.
Que ta volonté soit faite sur la terre comme au ciel.
Donne-nous aujourd'hui notre pain de ce jour.
Pardonne-nous nos offenses,
comme nous pardonnons à ceux qui nous ont offensés.
Et ne nous soumets pas à la tentation.
Mais délivre-nous du mal. Amen.

Credo

Credo in Deum, Patrem omnipoténtem,
creatórem cæli et terræ.
Et in Jesum Christum, Fílium ejus únicum,
Dóminum nostrum.
Qui concéptus est de Spíritu Sancto,
natus ex María Vírgine.
Passus sub Póntio Piláto, crucifíxus, mórtuus et sepúltus.
Descéndit ad ínferos; tértia die resurréxit a mórtuis.
Ascéndit ad cælos, sedet ad déxteram
Dei Patris omnipoténtis.
Inde ventúrus est judicáre vivos et mórtuos.
Credo in Spíritum Sanctum.
Sanctam Ecclésiam cathólicam, Sanctórum communiónem.
Remissiónem peccatórum.
Carnis resurrectiónem.
Vitam ætérnam.
Amen.

Je crois en Dieu

Je crois en Dieu, le Père tout-puissant,
Créateur du ciel et de la terre.
Et en Jésus-Christ, son Fils unique,
notre Seigneur.
Qui a été conçu du Saint-Esprit,
est né de la Vierge Marie.
A souffert sous Ponce Pilate, a été crucifié, est mort
et a été enseveli.
Est descendu aux enfers, le troisième jour est ressuscité
des morts.
Est monté aux cieux, est assis à la droite
de Dieu le Père tout-puissant.
D'où il viendra juger les vivants et les morts.
Je crois au Saint-Esprit.
La Sainte Église catholique, la communion des Saints.
La rémission des péchés.
La résurrection de la chair.
La vie éternelle.
Ainsi soit-il.

Glória

Glória Patri, et Fílio, et Spirítui sancto.
Sicut erat in principio, et nunc et semper,
et in sáecula sæculorum. Amen.

Gloire soit au Père

Gloire soit au Père, au Fils, et au Saint-Esprit. Comme elle était au commencement, comme elle est maintenant, et comme elle sera pendant les siècles des siècles. Ainsi soit-il.

Ave, María

Ave, María, grátia plena, Dóminus tecum:
benedícta tu in muliéribus, et benedíctus fructus ventris tui, Jesus.
Sancta María, Mater Dei, ora pro nobis peccatóribus, nunc et in hora mortis nostræ.
Amen.

Je vous salue, Marie

Je vous salue, Marie, pleine de grâce ;
le Seigneur est avec vous, vous êtes bénie
entre toutes les femmes, et Jésus,
le fruit de vos entrailles, est béni.
Sainte Marie, Mère de Dieu priez pour nous, pécheurs,
maintenant et à l'heure de notre mort.
Ainsi soit-il.

Confíteor

Confíteor Deo omnipoténti, beátæ Maríæ semper Vírgini, beáto Michaéli archángelo, beáto Joánni Baptístæ, sanctis apóstolis Petro et Paulo, ómnibus sanctis (et tibi, pater), quia peccávi nimis, cogitatióne, verbo et ópere : mea culpa, mea culpa, mea maxima culpa. Ideo precor beátam Maríam semper Vírginem, beatum Michaélem archángelum, beátum Joánnem Baptístam, sanctos apóstolos Petrum et Paulum, omnes sanctos (et te, pater), oráre pro me ad Dóminum Deum nostrum.

Misereátur nostri omnípotens Deus, et, dimíssis peccátis nostris, perdúcat nos ad vitam ætérnam.

Amen.

Indulgéntiam, absolutiónem et remissiónem peccatórum nostrórum tríbuat nobis omnípotens et miséricors Dóminus.

Amen.

Je confesse à Dieu

Je confesse à Dieu tout-puissant, à la bienheureuse Marie toujours Vierge, à saint Michel archange, à saint Jean-Baptiste, aux apôtres saint Pierre et saint Paul, à tous les saints (et à vous, mon Père), que j'ai grandement péché en pensées, en paroles et en œuvres, par ma faute, par ma faute, par ma très grande faute. C'est pourquoi je prie la bienheureuse Marie toujours Vierge, saint Michel archange, saint Jean-Baptiste, les apôtres saint Pierre et saint Paul, et tous les saints (et vous, mon Père), de prier pour moi le Seigneur notre Dieu.
Que le Dieu tout-puissant nous fasse miséricorde, et que, nous ayant pardonné nos péchés, il nous conduise à la vie éternelle. Ainsi soit-il.
Que le Seigneur tout-puissant et miséricordieux nous accorde le pardon, l'absolution et la rémission de nos péchés.
Ainsi soit-il.

PRIÈRES DE TOUS LES TEMPS

Benedícite

Benedícite, Dóminus, nos et ea quæ sumus sumptúri benedícat déxtera Christi. In nómine Patris, et Fílii, et Spíritus Sancti. Amen.

Le Bénédicité

ou prière avant le repas

Bénissez-nous, ô mon Dieu,
ainsi que la nourriture que nous allons prendre.
Au nom du Père, du Fils et du Saint-Esprit.
Ainsi soit-il.

Grátias

Agimus tibi grátias, omnípotens Deus, pro univérsis benefíciis tuis, qui vivis et regnas in sáecula sæculórum. In nómine Patris, et Fílii, et Spíritus Sancti. Amen.

Les Grâces

ou prière après le repas

Nous vous rendons grâces de tous vos bienfaits, ô Dieu tout-puissant, qui vivez et régnez dans les siècles des siècles. Au nom du Père, du Fils et du Saint-Esprit. Ainsi soit-il.

Les Actes

Acte d'Adoration

Mon Dieu, je vous adore et vous reconnais pour mon Créateur, mon souverain Seigneur et pour le maître absolu de toutes choses.

Acte de Foi

Mon Dieu, je crois fermement tout ce que la sainte Église catholique croit et enseigne, parce que c'est vous qui l'avez dit, et que vous êtes la vérité même.

Acte d'Espérance

Mon Dieu, appuyé sur vos promesses et sur les mérites de Jésus-Christ mon Sauveur, j'espère avec une ferme confiance que vous me ferez la grâce d'observer vos commandements en ce monde, et d'obtenir par ce moyen la vie éternelle.

Acte d'Amour ou de Charité

Mon Dieu, qui êtes digne de tout amour, à cause de vos perfections infinies, je vous aime de tout mon cœur, et j'aime mon prochain comme moi-même pour l'amour de vous.

Acte de Contrition

Mon Dieu, j'ai un extrême regret de vous avoir offensé, parce que vous êtes infiniment bon, infiniment aimable, et que le péché vous déplaît ; pardonnez-moi par les mérites de Jésus-Christ mon Sauveur ; je me propose, moyennant votre sainte grâce, de ne plus vous offenser et de faire pénitence.

Acte de Remerciement

Mon Dieu, je vous remercie de tous les biens que j'ai reçus de vous, principalement de m'avoir créé, racheté par votre Fils et fait enfant de votre Église.

Acte d'Offrande

Mon Dieu, j'ai tout reçu de vous ; je vous offre mes pensées, mes paroles, mes actions, ma vie et tout ce que je possède, et je ne veux l'employer qu'à votre service.

Acte d'Humilité

Mon Dieu, je ne suis que cendre et poussière ; réprimez les mouvements d'orgueil qui s'élèvent dans mon âme, et apprenez-moi à me mépriser moi-même, vous qui résistez aux superbes et qui donnez votre grâce aux humbles.

Acte de Demande

Mon Dieu, source infinie de tous les biens, donnez-moi tout ce qui m'est nécessaire pour la vie et la santé de mon corps, mais surtout la grâce de faire en toutes choses votre sainte volonté. Par Jésus-Christ Notre-Seigneur. Ainsi soit-il.

[Veni, Sancte Spíritus]

Veni, Sancte Spíritus, reple tuórum corda fidélium, et tui amóris in eis ignem accénde.

V. Emítte Spíritum tuum, et creabúntur;

R. Et renovábis fáciem terræ.

Orémus

Deus, qui corda fidélium Sancti Spíritus illustratióne docuísti, da nobis in eódem Spíritu recta sapere et de ejus semper consolatióne gaudére. Per Christum Dóminum nostrum. Amen.

Prière au Saint-Esprit

Venez, Esprit Saint, remplissez les cœurs de vos fidèles et allumez en eux le feu de votre amour.
V. Envoyez votre Esprit, et tout sera créé ;
R. Et vous renouvellerez la face de la terre.
Prions
Seigneur, qui avez enseigné les cœurs de vos fidèles par la lumière du Saint Esprit, donnez-nous, par ce même Esprit, de connaître
et d'aimer le bien, et de goûter toujours la joie de ses divines consolations. Par Jésus-Christ Notre-Seigneur. Ainsi soit-il.

[Angele Dei]

Angele Dei, qui custos es mei, me tibi commíssum pietáte supérna hódie illúmina, custódi, rege et gubérna. Amen.

Prière au saint Ange Gardien

Ange de Dieu, qui êtes mon gardien, puisque le ciel m'a confié à vous dans sa bonté, éclairez-moi, dirigez-moi et me gouvernez aujourd'hui. Ainsi soit-il.

Prière à saint Joseph

Souvenez-vous, ô très chaste Époux de la Vierge Marie, ô mon aimable protecteur saint Joseph, qu'on n'a jamais entendu dire que quelqu'un ait sollicité votre protection et imploré votre secours sans avoir été consolé. Animé d'une pareille confiance, je me présente et me recommande à vous de toute la ferveur de mon âme.
Ah ! ne rejetez pas ma prière, ô Père putatif du Rédempteur, mais daignez l'accueillir avec bonté.
Ainsi soit-il.

De profúndis

De profúndis clamávi ad te, Dómine; Dómine,
exáudi vocem meam.
Fiant aures tuæ intendéntes, in vocem deprecatiónis meæ.
Si iniquitátes observáveris, Dómine: Dómine,
quis sustinébit?
Quia apud te propitiátio est; et propter legem tuam
sustínui te, Dómine.
Sustinuit ánima mea in verbo ejus: sperávit ánima mea
in Dómine.
A custódia matutína usque ad noctem, speret Israel in
Dómino.
Quia apud Dóminum misericórdia, et copiósa apud eum
redémptio.
Et ipse redimet Israel ex ómnibus iniquitatibus ejus

Prière pour les défunts

Du fond de l'abîme j'ai crié vers vous, Seigneur : Seigneur, écoutez ma voix.
Que vos oreilles soient attentives aux accents de ma supplication.
Si vous scrutez les iniquités, Seigneur : Seigneur, qui pourra subsister devant vous ?
Mais parce que la miséricorde est avec vous, et à cause de votre loi, je vous ai attendu, Seigneur.
Mon âme a attendu avec confiance la parole du Seigneur, mon âme a espéré en lui.
Du point du jour à l'arrivée de la nuit, Israël doit espérer dans le Seigneur.
Car dans le Seigneur est la miséricorde, et en lui une abondante rédemption.
Et lui-même rachètera Israël de toutes ses iniquités.

V. Requiem ætérnam dona eis, Dómine.

R. Et lux perpetua luceat eis.

V. Requiéscant in pace.

R. Amen.

V. Dómine, exáudi orationem meam.

R. Et clamor meus ad te véniat.

V. Dóminus vobiscum.

R. Et cum spírutu tuo.

Orémus

Fidélium Deus ómnium Cónditor et Redémptor, animábus famulórum famularúmque tuárum, remissiónem cunctórum tribue peccatórum : ut indulgéntiam quam semper optavérunt, piis supplicatiónibus consequántur. Qui vivis et regnas in sǽcula sæculórum. Amen.

V. Donnez-leur, Seigneur, le repos éternel.

R. Et que la lumière qui ne s'éteint pas les éclaire.

V. Qu'ils reposent en paix.

R. Ainsi soit-il.

V. Seigneur, exaucez ma prière.

R. Et que mon cri parvienne jusqu'à vous.

V. Que le Seigneur soit avec vous.

R. Et avec votre esprit.

Prions

Ô Dieu, Créateur et Rédempteur de tous les fidèles, accordez aux âmes de vos serviteurs et de vos servantes la rémission de tous leurs péchés, afin que, par la prière de votre Église, elles obtiennent le pardon qu'elles ont tant désiré. Vous qui vivez et régnez dans les siècles des siècles.

Ainsi soit-il.

Angelus

V. Angelus Dómini nuntiávit Maríæ.

R. Et concépit de Spíritu Sancto.

Ave, Maria, *etc.*

V. Ecce ancílla Dómini.

R. Fiat mihi secúndum verbum tuum.

Ave, Maria, *etc.*

V. Et Verbum caro factum est.

R. Et habitávit in nobis.

Ave, Maria, *etc.*

V. Ora pro nobis, sancta Dei Génitrix.

R. Ut digni efficiámur promissiónibus Christi.

Orémus

Grátiam tuam, quáesumus, Dómine, méntibus nostris infúnde ; ut qui, Angelo nuntiánte, Christi Fílii tui incarnatiónem cognóvimus, per passiónemn ejus et crucem ad resurrectiónis glóriam perducámur. Per eúmdem Christum Dóminum nostrum.

R. Amen.

L'Angélus

V. L'Ange du Seigneur annonça à Marie.
R. Et elle conçut par l'opération du Saint-Esprit.
Je vous salue, Marie, etc.
V. Voici la servante du Seigneur.
R. Qu'il me soit fait selon votre parole.
Je vous salue, Marie, etc.
V. Et le Verbe s'est fait chair.
R. Et il a habité parmi nous.
Je vous salue, Marie, etc.
V. Priez pour nous, sainte Mère de Dieu.
R. Afin que nous devenions dignes des promesses de Jésus-Christ.

Prions

Nous vous supplions, Seigneur, de répandre votre grâce dans nos cœurs, afin qu'après avoir connu l'incarnation de Jésus-Christ votre Fils, par les paroles de l'ange envoyé pour l'annoncer à Marie, nous parvenions à la gloire de sa résurrection par le mérite de sa passion et de sa croix. Nous vous le demandons par le même Jésus-Christ Notre-Seigneur.
R. Ainsi soit-il.

Regina cæli

Regina cæli, lætáre, allelúia;
Quia quem meruísti portáre, allelúia,
Resurréxit sicut dixit, allelúia.
Ora pro nobis Deum, allelúia.
V. Gaude et lætáre, Virgo María, allelúia.
R. Quia surréxit Dóminus vere, allelúia.
Orémus

Deus, qui per resurrectiónem Fílii tui Dómini nostri, Jesu Christi, mundum lætificáre dignátus es: præsta, quæsumus, ut per ejus Genitrícem Vírginem Maríam perpétuæ capiámus gáudia vitæ. Per eumdem Christum Dóminum nostrum. Amen.

Reine du ciel

Reine du ciel, réjouissez-vous, alleluia ;
Car celui que vous avez mérité de porter, alleluia,
Est ressuscité comme il l'avait dit, alleluia.
Priez Dieu pour nous, alleluia.
V. Vierge Marie, réjouissez-vous, et exultez, alleluia.
R. Car le Seigneur est vraiment ressuscité, alleluia.
Prions
Dieu, qui avez daigné réjouir le monde par la Résurrection de Jésus-Christ, votre Fils, Notre-Seigneur, faites, nous vous en supplions, que par sa sainte Mère, la Vierge Marie, nous goûtions les joies de la vie éternelle. Par le même Jésus-Christ Notre-Seigneur.
Ainsi soit-il.

Prière avant la communion

Divin Jésus, quoique je ne vous voie pas des yeux du corps, je crois que c'est vous-même qui allez vous donner à moi dans la sainte communion. Hélas ! je suis indigne d'une telle faveur, après vous avoir tant de fois offensé. Ô bonté infinie, j'ai un extrême regret de tous mes péchés, et je me propose de ne plus jamais vous offenser.
Je vous aime de tout mon cœur, et je veux vous aimer toute ma vie. Venez donc, mon Dieu, venez dans mon cœur, que je vous donne : prenez-en possession, purifiez mon âme ; remplissez-la de vos grâces et établissez-y votre règne pour toujours.

Prière après la communion

Il est donc vrai, Rédempteur des hommes, que vous habitez en moi, et que je suis en possession de votre corps, de votre sang, de votre âme et de votre divinité.

Je vous adore, ô mon Dieu, du plus profond de mon âme, et j'unis mes adorations à celles que les anges et les saints vous rendent dans le ciel. Ô Dieu d'amour, oui, je vous aime de tout mon cœur, de toute mon âme et de toutes mes forces. Je vous remercie de la grande faveur que vous m'avez faite de vous donner à moi. Je me donne à vous sans réserve. Agréez, divin Jésus, cette offrande que je vous fais de tout ce que je suis, et de tout ce que je possède ; disposez de moi selon votre bon plaisir, et accordez-moi la grâce de ne jamais vous déplaire.

Prière à Jésus crucifié

Ô bon et très doux Jésus, me voici agenouillé en votre très sainte présence. Je vous prie et vous conjure, avec toute la ferveur de mon âme, de daigner graver dans mon cœur de vifs sentiments de foi, d'espérance et de charité, un vrai repentir de mes égarements et une volonté très ferme de m'en corriger ; tandis qu'avec un grand amour et une grande compassion, je considère et contemple en esprit vos cinq plaies, ayant devant les yeux les paroles que déjà le prophète David vous faisait dire de vous-même, ô bon Jésus : *Ils ont percé mes mains et mes pieds, ils ont compté tous mes os.* (Ps 21)

Prière pour les hommes d'œuvre

Sacré-Cœur de Jésus, embrasez de votre amour et soutenez de votre force ceux qui travaillent à affermir et à étendre votre règne dans la société.

Sub tuum

Sub tuum præsídium confúgimus, sancta Dei Génitrix;
nostras deprecatiónes ne despícias in necessitátibus;
sed a perículis cunctis líbera nos semper,
Virgo gloriósa et benedícta.

[Sainte Mère de Dieu]

Nous avons recours à votre protection, sainte Mère de Dieu : ne rejetez pas les prières que nous vous adressons dans nos besoins ; mais délivrez-nous toujours de tous les dangers, ô Vierge glorieuse et bénie.

RITES ET PRÉCEPTES

Les dix commandements de Dieu

Un seul Dieu tu adoreras,
Et aimeras parfaitement.

Dieu en vain tu ne jureras,
Ni autre chose pareillement.

Les dimanches tu garderas,
En servant Dieu dévotement.

Père et mère tu honoreras,
Afin de vivre longuement.

Homicide point ne seras,
De fait ni volontairement.

Impudique point ne seras,
De corps ni de consentement.

Le bien d'autrui tu ne prendras,
Ni retiendras sciemment.

Faux témoignage ne diras,
Ni mentiras aucunement.

L'œuvre de chair ne désireras,
Qu'en mariage seulement.

Biens d'autrui ne désireras,
Pour les avoir injustement.

Les sept commandements de l'Église

Les fêtes tu sanctifieras,
Qui te sont de commandement.

Les dimanches messe entendras.
Et les fêtes pareillement.

Tous tes péchés confesseras,
À tout le moins une fois l'an.

Ton Créateur tu recevras,
Au moins à Pâques humblement.

Quatre-temps, vigiles jeûneras,
Et le carême entièrement.

Vendredi chair ne mangeras,
Ni jours défendus mêmement.

Droits et dîmes tu paieras,
À l'Église fidèlement.

[Sancta María, ora pro nobis]

Kýrie, eléison.
Christe, eléison.
Kýrie, eléison.
Christe, audi nos.
Christe, exáudi nos.
Pater de cælis, Deus, miserére nobis.
Fili, Redémptor mundi, Deus, miserére nobis.
Spíritus Sancte, Deus, miserére nobis.
Sancta Trínitas, unus Deus, miserére nobis.
Sancta María, ora pro nobis.
Sancta Dei Génitrix,
Sancta Virgo vírginum,
Mater Christi,
Mater divínæ grátiæ,
Mater puríssima,
Mater castíssima,

Les litanies de la Vierge

Seigneur, ayez pitié de nous.
Christ, ayez pitié de nous.
Seigneur, ayez pitié de nous.
Christ, écoutez-nous.
Christ, exaucez-nous.
Père céleste, qui êtes Dieu, ayez pitié de nous.
Fils Rédempteur du monde, qui êtes Dieu, ayez pitié de nous.
Esprit Saint, qui êtes Dieu, ayez pitié de nous.
Trinité sainte, qui êtes un seul Dieu, ayez pitié de nous.
Sainte Marie, priez pour nous.
Sainte Mère de Dieu,
Sainte Vierge des vierges,
Mère du Christ,
Mère de la divine grâce,
Mère très pure,
Mère très chaste,

Mater inviolàta,
Mater intemeràta,
Mater amàbilis.
Mater admiràbilis,
Mater boni consílii,
Mater Creatóris,
Mater Salvatóris,
Virgo prudentíssima,
Virgo veneránda,
Virgo prædicánda,
Virgo potens,
Virgo clemens,
Virgo fidélis,
Spéculum justitiæ,
Sedes sapiéntiæ,
Causa nostræ lætítiæ,
Vas spirituále,
Vas honorábile,
Vas insígne devotiónis,
Rosa mýstica,

Mère sans tache,
Mère toujours vierge,
Mère aimable,
Mère admirable,
Mère du bon conseil,
Mère du Créateur,
Mère du Sauveur,
Vierge très prudente,
Vierge vénérable,
Vierge digne de louanges,
Vierge puissante,
Vierge pleine de bonté,
Vierge fidèle,
Miroir de justice,
Siège de la sagesse,
Cause de notre joie,
Vase spirituel,
Vase d'honneur,
Vase éminent de piété,
Rose mystique,

Turris Davídica,

Turris ebúrnea,

Domus áurea,

Fœ́deris arca,

Jánua cæli,

Stella matutína,

Salus infirmórum,

Refúgium peccatórum,

Consolátrix afflictórum,

Auxílium christianórum,

Regína Angelórum,

Regína Patriarchárum,

Regína Prophetárum,

Regína Apostolórum,

Regína Mártyrum,

Regína Confessórum,

Regína Vírginum,

Regína Sanctórum ómnium,

Regína sine labe originály concépta,

Regína in cælum assúmpta,

Tour de David,
Tour d'ivoire,
Maison d'or,
Arche d'alliance,
Porte du ciel,
Étoile du matin,
Salut des infirmes,
Refuge des pécheurs,
Consolatrice des affligés,
Secours des chrétiens,
Reine des anges,
Reine des patriarches,
Reine des prophètes,
Reine des apôtres,
Reine des martyrs,
Reine des confesseurs,
Reine des vierges,
Reine de tous les saints,
Reine conçue sans le péché originel,
Reine élevée dans les cieux,

Regína sacratíssimi Rosárii,

Regína pacis,

Agnus Dei, qui tollis peccáta mundi, parce nobis, Dómine.

Agnus Dei, qui tollis peccáta mundi, exáudi nos, Dómine.

Agnus Dei, qui tollis peccáta mundi, miserére nobis.

V. Ora pro nobis, sancta Dei Génitrix.

R. Ut digni efficiámur promissiónibus Christi.

Orémus — Concéde nos fámulos tuos, quæsumus, Dómine Deus, perpétua mentis et córporis sanitáte gaudére : et gloriósa beátæ Maríæ semper Vírginis intercessióne a præsénti liberári tristítia, et ætérna pérfrui lætítia. Per Christum Dóminum nostrum.

R. Amen.

Reine du très saint rosaire,
Reine de la paix,
Agneau de Dieu, qui effacez les péchés du monde, pardonnez-nous, Seigneur.
Agneau de Dieu, qui effacez les péchés du monde, exaucez-nous, Seigneur.
Agneau de Dieu, qui effacez les péchés du monde, ayez pitié de nous.
V. Priez pour nous, sainte Mère de Dieu.
R. Afin que nous devenions dignes des promesses de Jésus-Christ.
Prions. — Daignez, Seigneur, accorder à vos serviteurs de jouir de la santé de l'âme et du corps, et, par l'intercession de la bienheureuse Marie toujours Vierge, donnez-nous d'être délivrés des tristesses de la vie présente et de goûter les joies de l'éternité. Par Jésus-Christ Notre-Seigneur.
R. Ainsi soit-il.

[Sancte Joseph, ora pro nobis]

Kýrie, eléison.

Christe, eléison.

Kýrie, eléison.

Christe, audi nos.

Christe, exáudi nos.

Pater de cælis, Deus, miserére nobis.

Fili, Redémptor mundi, Deus, miserére nobis.

Spíritus Sancte, Deus, miserére nobis.

Sancta Trínitas, unus Deus, miserére nobis.

Sancta María, ora pro nobis.

Sancte Joseph,

Proles David ínclyta,

Lumen Patriarchárum,

Dei Genitrícis sponse,

Custos pudíce Vírginis,

Fílii Dei nutrície,

Les litanies de saint Joseph

Seigneur, ayez pitié de nous.
Christ, ayez pitié de nous.
Seigneur, ayez pitié de nous.
Christ, écoutez-nous.
Christ, exaucez-nous.
Père céleste, qui êtes Dieu, ayez pitié de nous.
Fils, rédempteur du monde, qui êtes Dieu, ayez pitié de nous.
Esprit Saint, qui êtes Dieu, ayez pitié de nous.
Trinité sainte, qui êtes un seul Dieu, ayez pitié de nous.
Sainte Marie, priez pour nous.
Saint Joseph,
Illustre descendant de David,
Lumière des Patriarches,
Époux de la Mère de Dieu,
Chaste gardien de la Vierge,
Nourricier du Fils de Dieu,

Christi defénsor sédule,
Almæ Famíliæ præses,
Joseph justíssime,
Joseph castíssime,
Joseph prudentíssime,
Joseph fortíssime,
Joseph obedientíssime,
Joseph fidelíssime,
Spéculum patiéntiæ,
Amátor paupertátis,
Exémplar opíficum,
Doméstica vitæ decus,
Custos vírginum,
Familiárum cólumen,
Solátium miserórum,
Spes ægrotántium,
Patróne moriéntium,
Terror dæmonum,
Protéctor sanctæ Ecclésiæ, ora pro nobis

Zélé défenseur de Jésus,
Chef de la Sainte Famille,
Joseph très juste,
Joseph très chaste,
Joseph très prudent,
Joseph très courageux,
Joseph très obéissant,
Joseph très fidèle,
Miroir de patience,
Amant de la pauvreté,
Modèle des travailleurs,
Gloire de la vie de famille,
Gardien des vierges,
Soutien des familles,
Consolateur des malheureux,
Espérance des malades,
Patron des mourants,
Terreur des démons,
Protecteur de la sainte Église, priez pour nous.

Agnus Dei, qui tollis peccáta mundi, parce nobis, Dómine.
Agnus Dei, qui tollis peccáta mundi, exáudi nos, Dómine.
Agnus Dei, qui tollis peccáta mundi, miserére nobis.

V. Constítuit eum dóminum domus suæ.
R. Et príncipem omnis possessiónis suæ.
Oratio. — Deus, qui ineffábili providéntia beátum Joseph sanctíssimæ Genitrícis tuæ sponsum elígere dignátus es: præsta, quæsumus: ut quem protectórem venerámur in terris, intercessórem habére mereámur in cælis: Qui vivis et regnas in sǽcula sæculórum. R. Amen.

Agneau de Dieu, qui effacez les péchés du monde, pardonnez-nous, Seigneur.
Agneau de Dieu, qui effacez les péchés du monde, exaucez-nous, Seigneur.
Agneau de Dieu, qui effacez les péchés du monde, ayez pitié de nous.

V. Il l'a établi maître de sa maison.
R. Et prince sur tous ses biens.
Oraison. — Ô Dieu qui par une providence ineffable avez daigné choisir le bienheureux Joseph pour être l'époux de votre Sainte Mère, faites, nous vous en prions, que, le vénérant sur la terre comme notre protecteur, nous méritions de l'avoir pour intercesseur dans les cieux. Ô vous qui vivez et régnez dans les siècles des siècles. Ainsi soit-il.

Le saint Rosaire

I. Les cinq Mystères joyeux

(LUNDI ET JEUDI)

LES MYSTÈRES

L'Annonciation

La Visitation

La naissance de Jésus

La présentation au temple

Jésus retrouvé au temple

LEURS FRUITS

L'humilité

L'amour du prochain

Le détachement des richesses

L'obéissance

La recherche de Jésus

II. Les cinq Mystères douloureux

(MARDI ET VENDREDI)

LES MYSTÈRES

L'agonie de Notre-Seigneur

La flagellation

Le couronnement d'épines

Le portement de la Croix

Le crucifiement

LEURS FRUITS

La contrition

La mortification des sens

La mortification de l'esprit et du cœur

La patience et la résignation

L'amour de Dieu et le salut des âmes

III. Les cinq Mystères glorieux

(MERCREDI, SAMEDI ET DIMANCHE)

LES MYSTÈRES

La Résurrection

L'Ascension

La Pentecôte

L'Assomption de la Très Sainte Vierge

Le Couronnement de la Très Sainte Vierge

LEURS FRUITS

La foi et la conversion

L'espérance et le désir du ciel

La charité et le zèle apostolique

La bonne mort et la dévotion à Marie

La persévérance finale et la confiance en Marie

*IV. Les cinq Mystères lumineux**

(JEUDI)

LES MYSTÈRES

Le baptême de Jésus

Les noces de Cana

L'annonce du Royaume et l'appel à la conversion

La Transfiguration

L'institution de l'Eucharistie

* Ajout du pape Jean-Paul II, en 2002.

LEURS FRUITS

L'humilité

La disponibilité

Le repentir de nos fautes

Le désir de voir Dieu

Le désir de communion

Index des prières

Index des destinataires